This book belongs to

....

VISIT US FOR MORE CONTENT, FUN, AND LEARNING.

(Scan QR Code)

animalsactivitybooks.com

PLEASE LEAVE A COMMENT AND HELP US DO EVEN BETTER.

Copyright © 2021
All rights reserved. No part of this publication may be reproduced, distributed, or transmitted in any form or by any means, including photocopying, recording or other electronic or mechanical methods without the prior written permission of the publisher, except in the case of brief quotations embodied in critical reviews and certain noncommercial uses permitted by copyright law.

ANTELOPE
Interesting Facts:

- Antelope are herbivores.
- They graze on grass or munch on leaves.
- Antelopes have hooves made for their habitat.
- They're smart. They follow the rains to find tender grass.
- Antelopes are powerful swimmers.
- If threatened, some species will jump in and hide under the water's surface, with only their noses sticking out.

BABOON

INTERESTING FACTS:

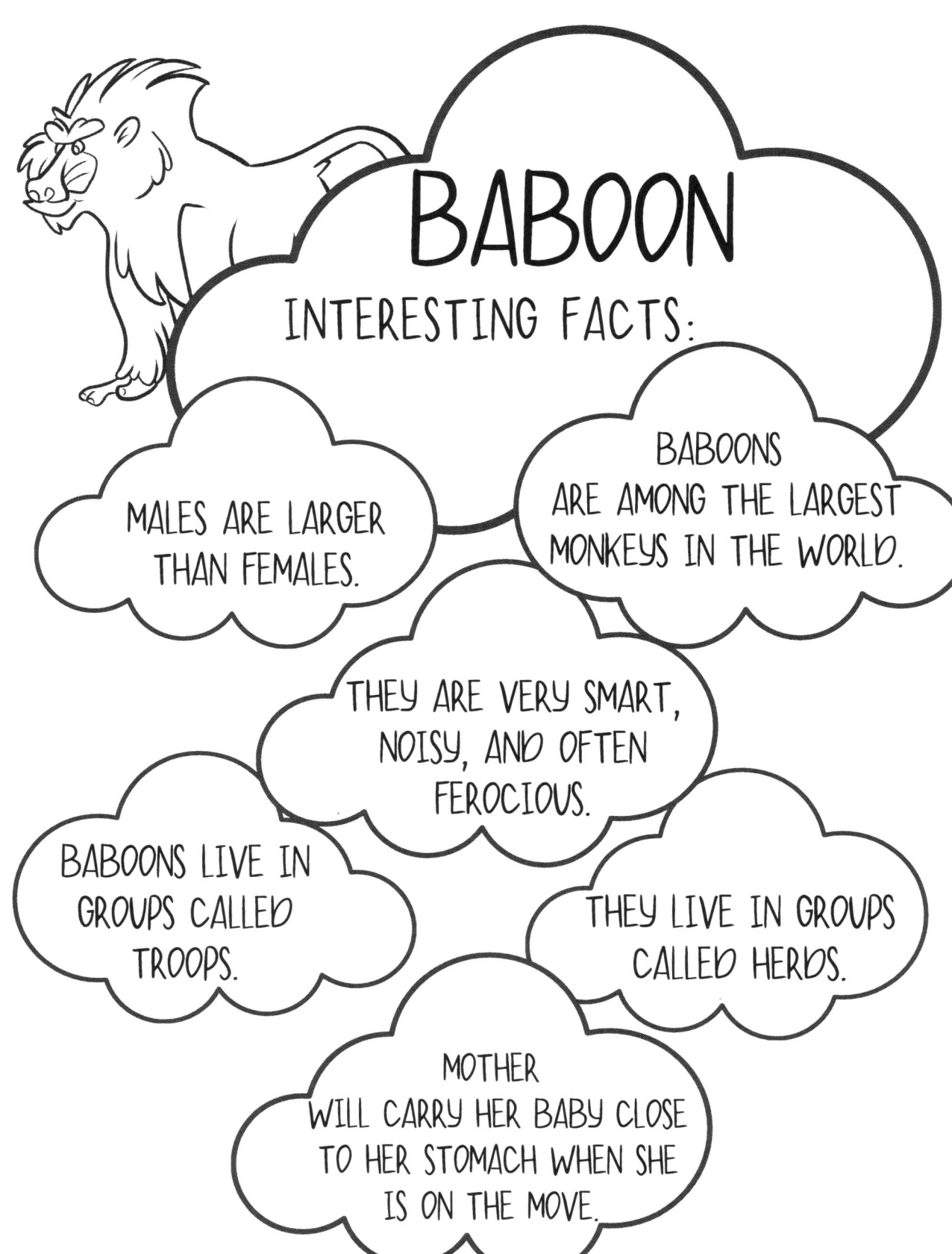

- MALES ARE LARGER THAN FEMALES.
- BABOONS ARE AMONG THE LARGEST MONKEYS IN THE WORLD.
- THEY ARE VERY SMART, NOISY, AND OFTEN FEROCIOUS.
- BABOONS LIVE IN GROUPS CALLED TROOPS.
- THEY LIVE IN GROUPS CALLED HERDS.
- MOTHER WILL CARRY HER BABY CLOSE TO HER STOMACH WHEN SHE IS ON THE MOVE.

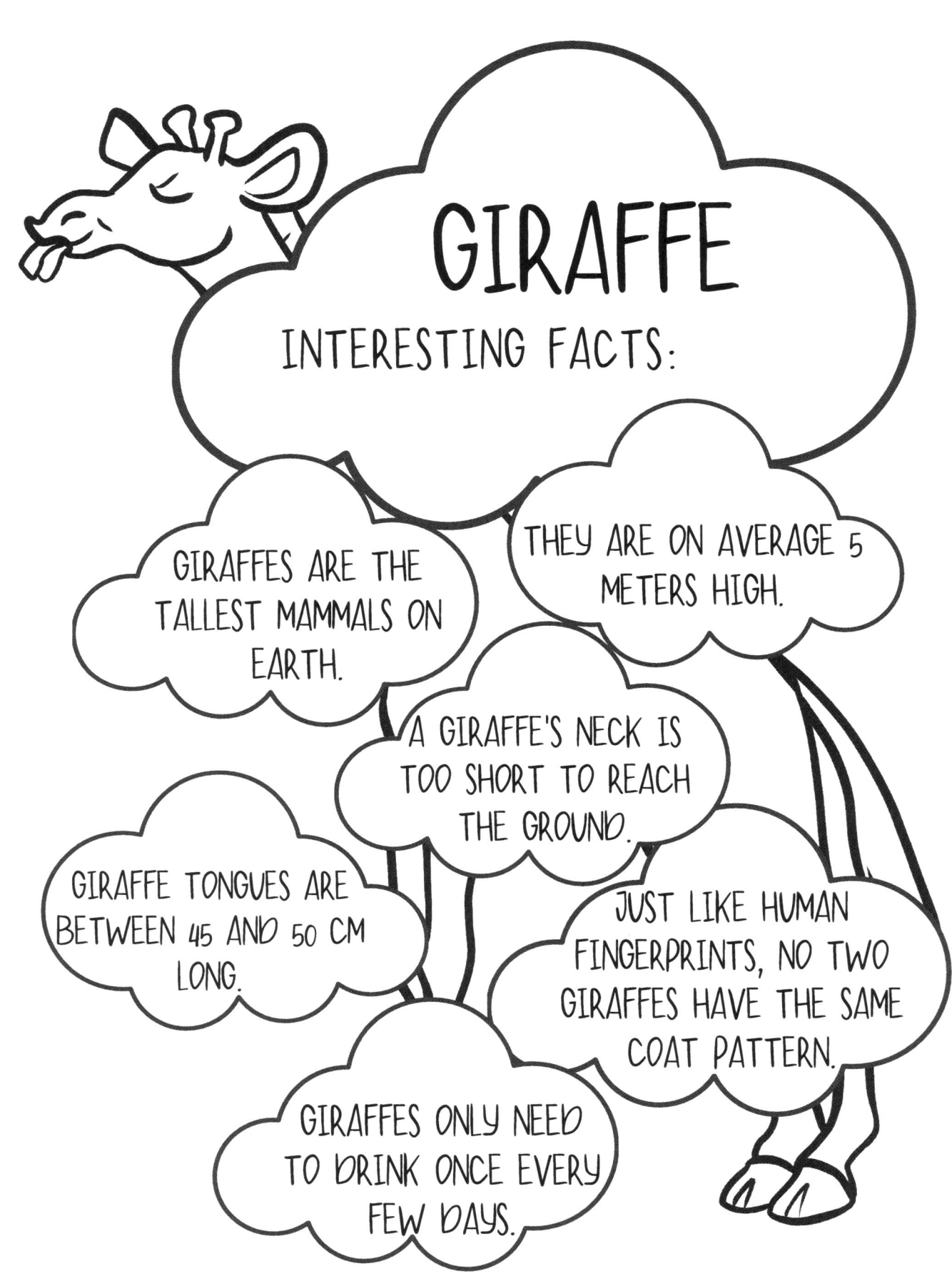

LEOPARD
INTERESTING FACTS:

- They can be found in various places around the world.
- Most leopards are light-colored and have dark spots on their fur.
- Leopards are fast felines and can run at up to 58 km/h!
- Leopards are skilled climbers.
- Leopards are very solitary and spend most of their time alone.
- They like to rest in the branches of trees during the day.

LION

INTERESTING FACTS:

- LIONS ARE THE ONLY CATS THAT LIVE IN GROUPS.
- A GROUP, OR PRIDE, CAN BE UP TO 30 LIONS.
- FEMALE LIONS ARE THE MAIN HUNTERS.
- A LION'S ROAR CAN BE HEARD UP TO 5 KILOMETRES AWAY.
- LIONS SCENT MARK THEIR TERRITORY, USING THEIR WEE, TO CREATE A BORDER.
- THE LION IS CALLED THE KING OF THE JUNGLE.

RHINO
INTERESTING FACTS:

- White and black rhinos are actually the same colour.
- Rhinos love plants.
- The name rhinoceros means 'nose horn'.
- A group of rhinos is known as a herd, or a crash!
- Rhinos have small brains small but mighty!
- Rhinos communicate by doing a poo.

OSTRICH

INTERESTING FACTS:

- THE OSTRICH IS A LARGE FLIGHTLESS BIRD THAT LIVES IN AFRICA.
- OSTRICHES MAINLY EAT PLANT MATTER, BUT THEY ALSO EAT INSECTS.
- OSTRICHES DON'T BURY THEIR HEADS IN THE SAND.
- ONE OSTRICH EGG EQUALS 24 CHICKEN EGGS.
- THE OSTRICH IS A VERY STRONG RUNNER. THE OSTRICH CAN SPRINT UP TO 70 KILOMETERS PER HOUR.
- OSTRICHES CAN GO WITHOUT DRINKING FOR SEVERAL DAYS.

ZEBRA
Interesting Facts:

- Every zebra has a unique pattern of stripes.
- Zebras are wild animals that cannot be domesticated.
- A group of zebras is called a 'Dazzle'.
- Zebras can travel 500 miles long distances.
- Zebras are black animals with white stripes.
- There are three species of zebra.

WILDEBEEST
INTERESTING FACTS:

- Due to harsh climate in Africa, wildebeest is well known for its seasonal migration.
- During migration, they travel between 500 and 1000 miles.
- Wildebeests are also called gnus because their call sounds like gnu gnu.
- Calves can walk minutes after birth.
- Wildebeests are antelopes.

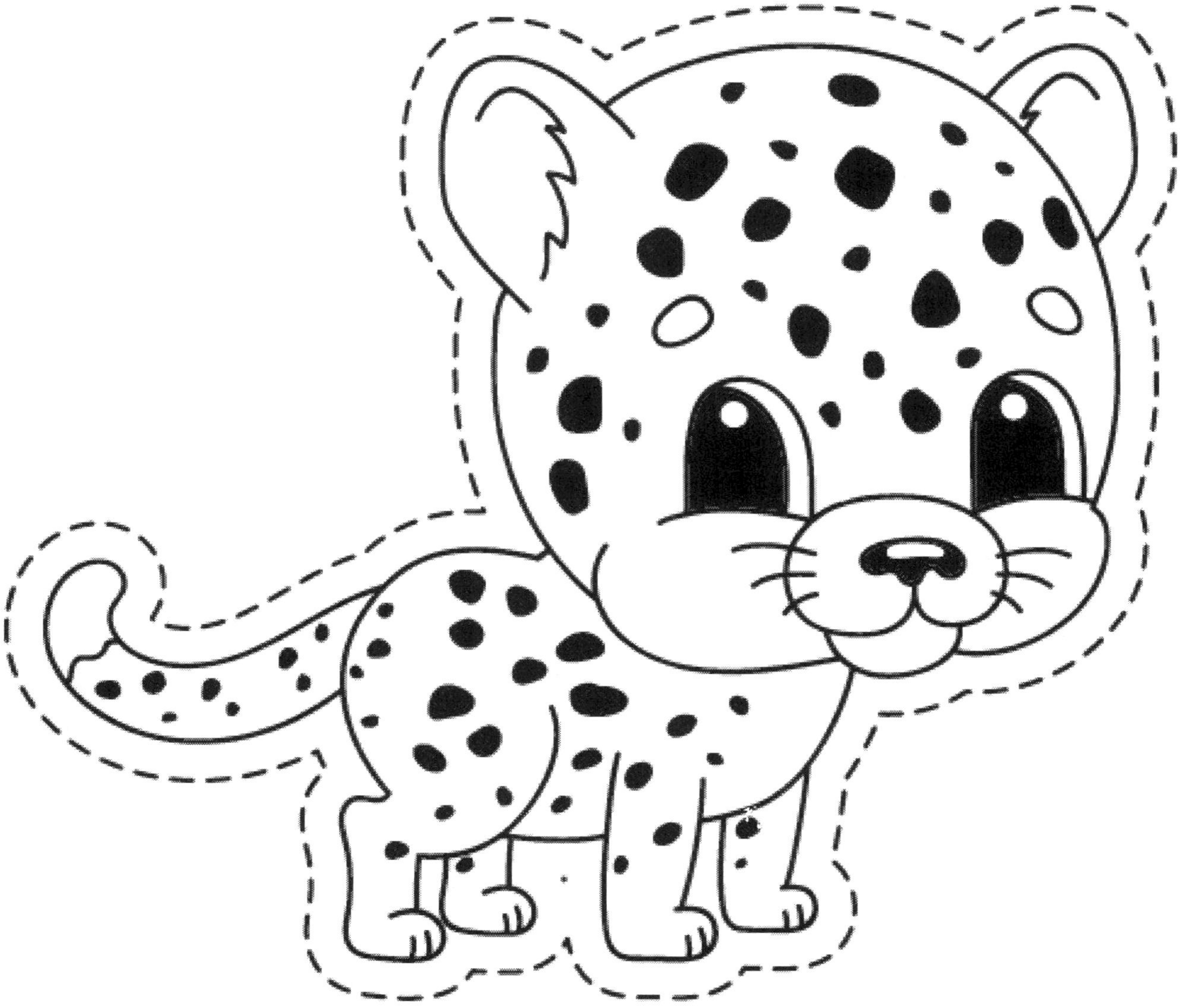

BABY LION

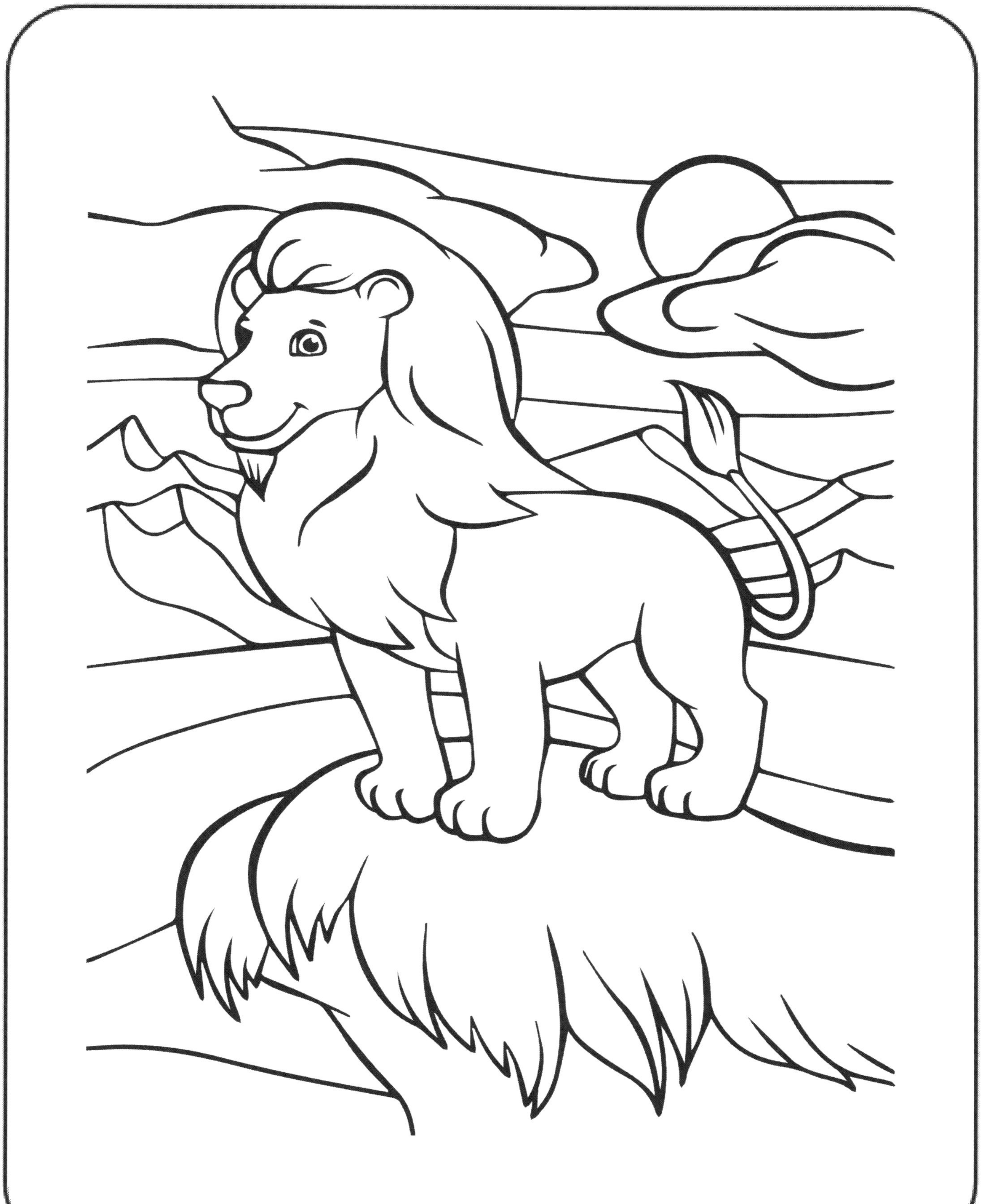

BABY SNAKE

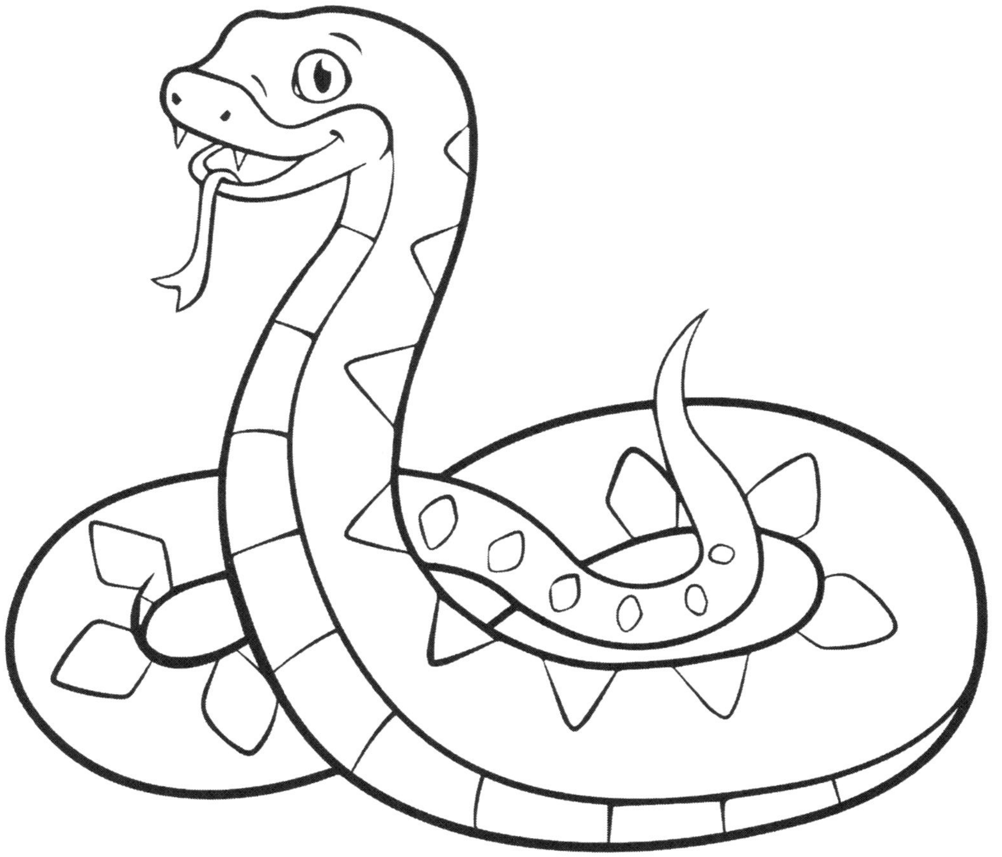

BABY HIPPO

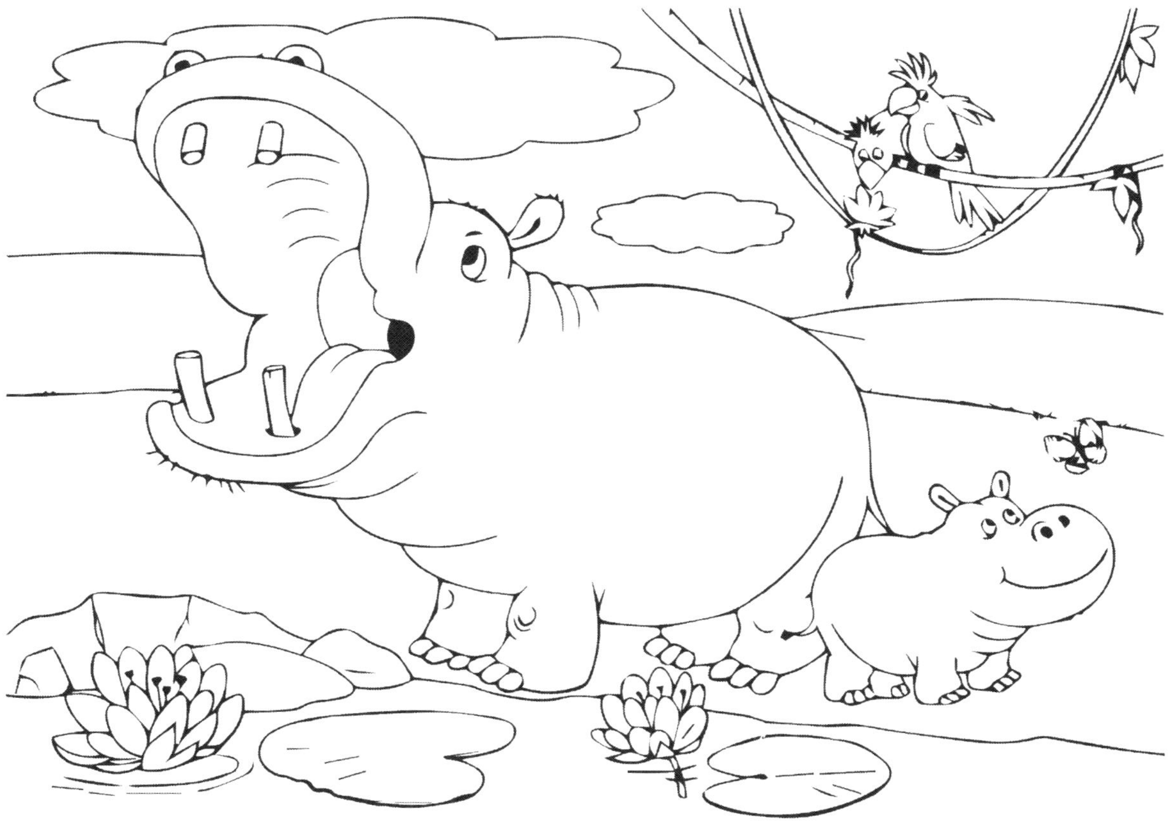

African Animals Dot to Dot

1
2
3
4
5
6
7
8
9
10
11
12
13
14
15
16
17
18
19
20
21
22
23
24
25
26
27
28
29
30
31
32
33
34
35
36
37
38
39
40
41
42
43
44
45
46
47
48
49

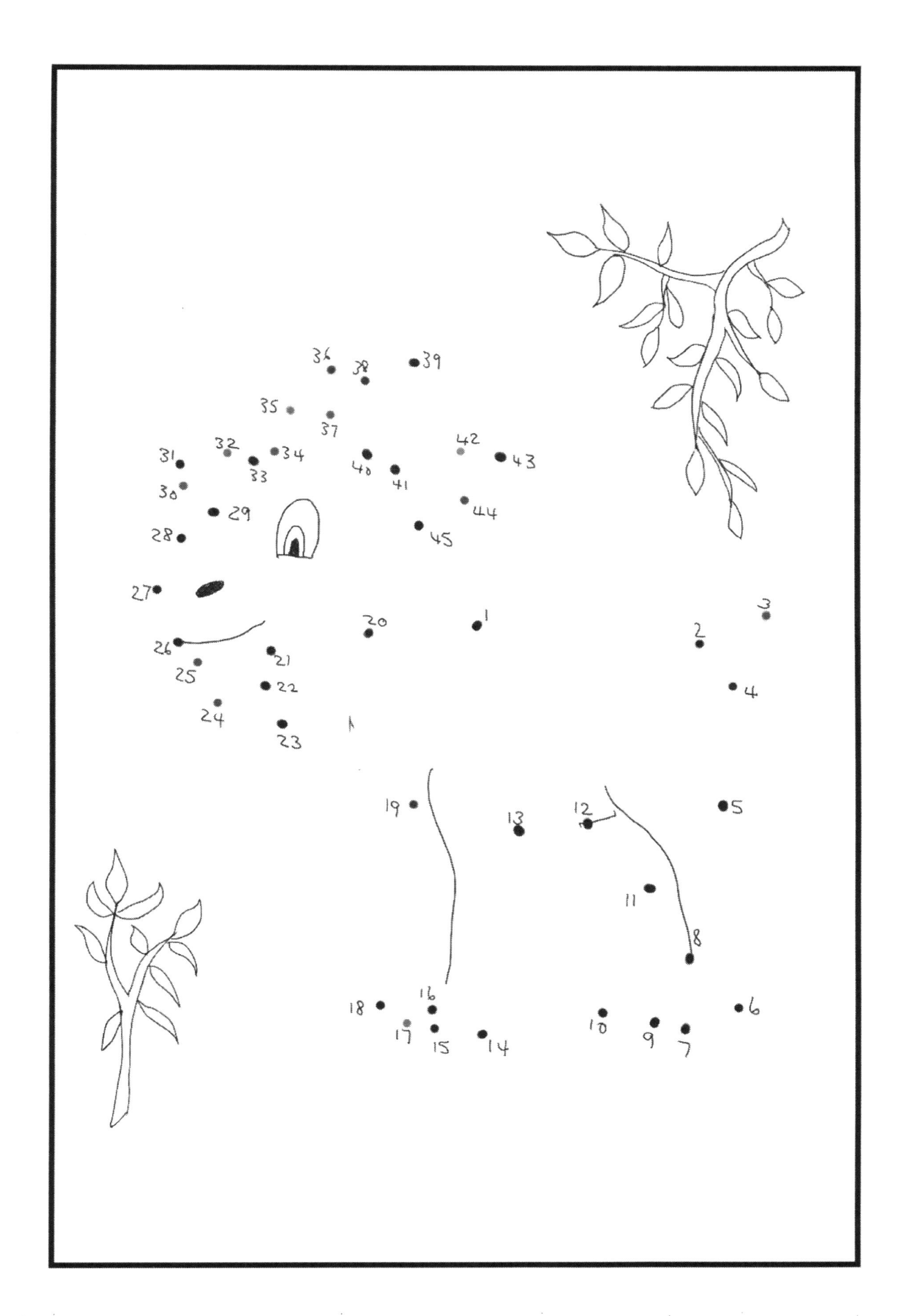

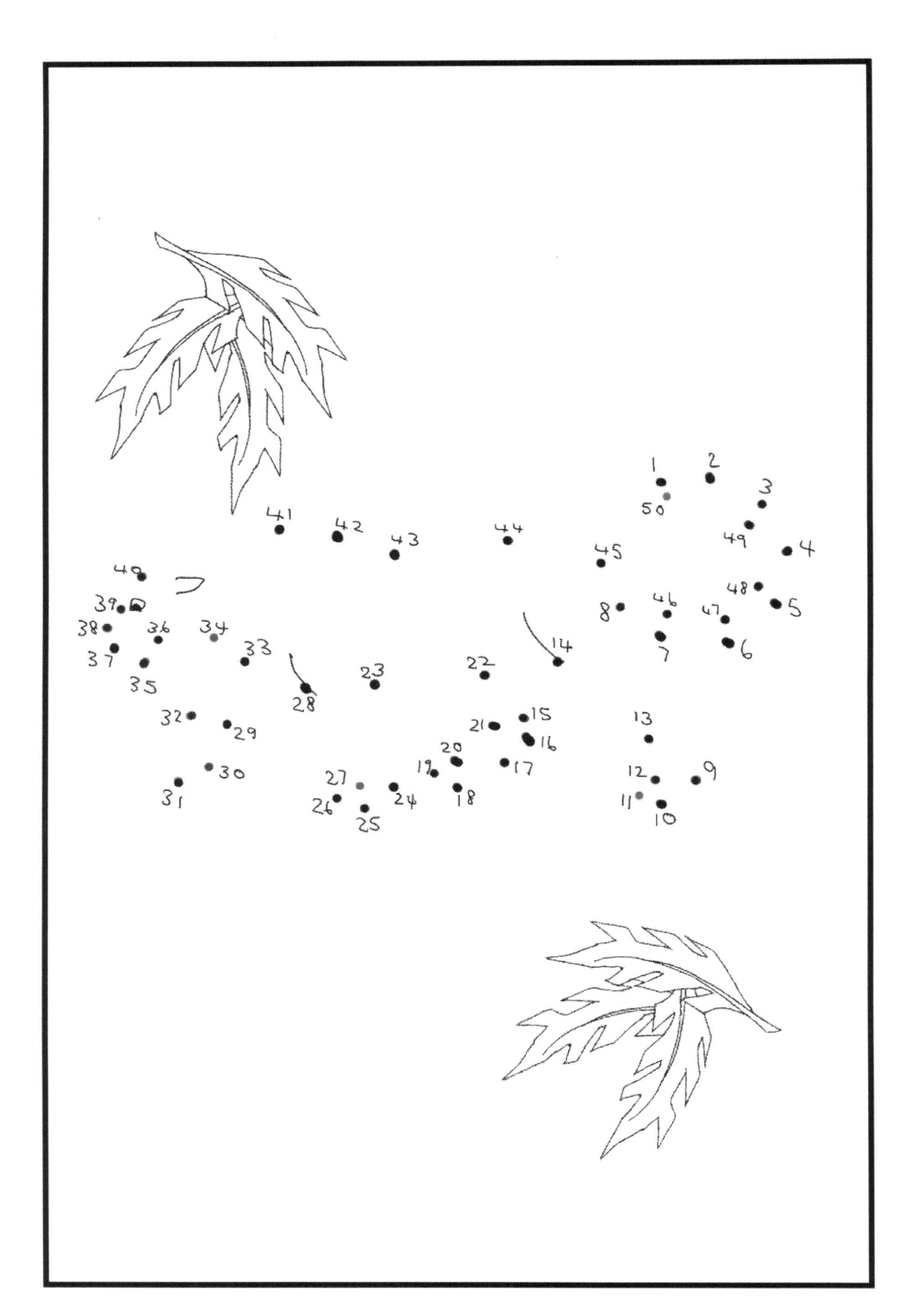

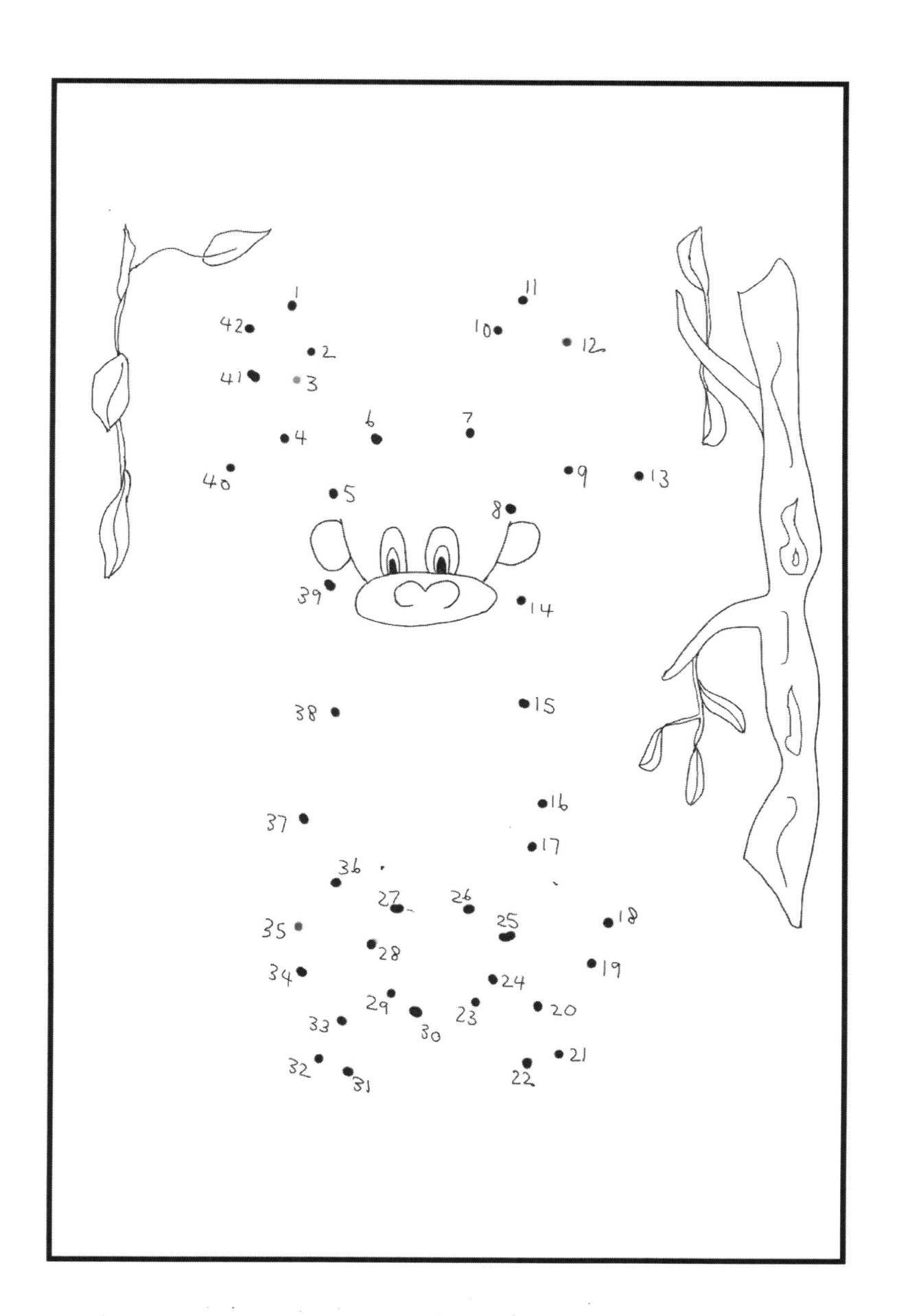

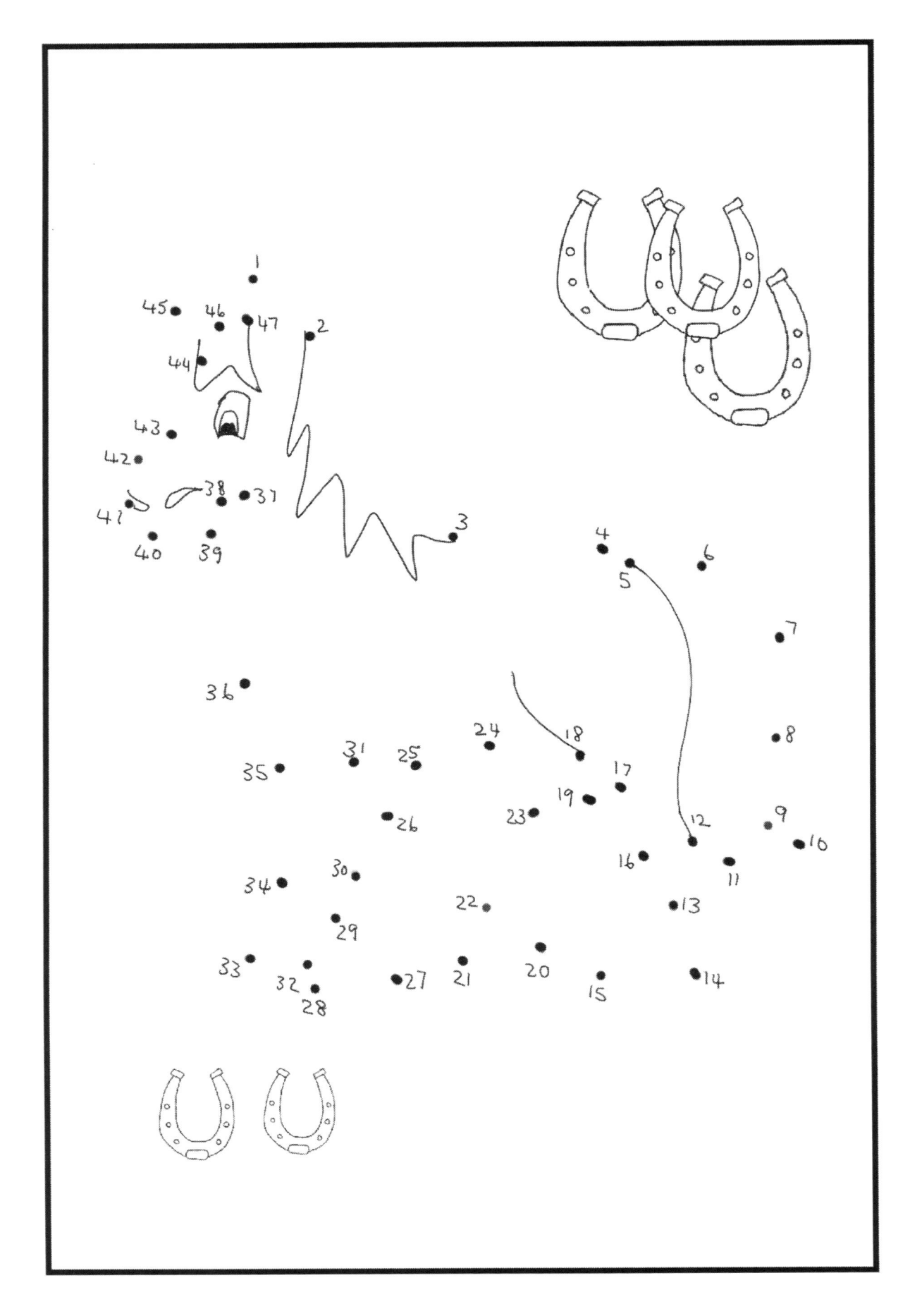

ZEBRAS

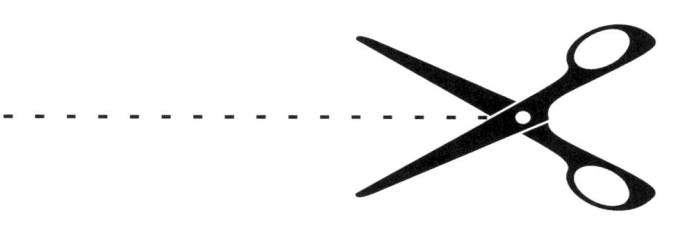

African ANIMALS PUZZLES

ZEBRAS

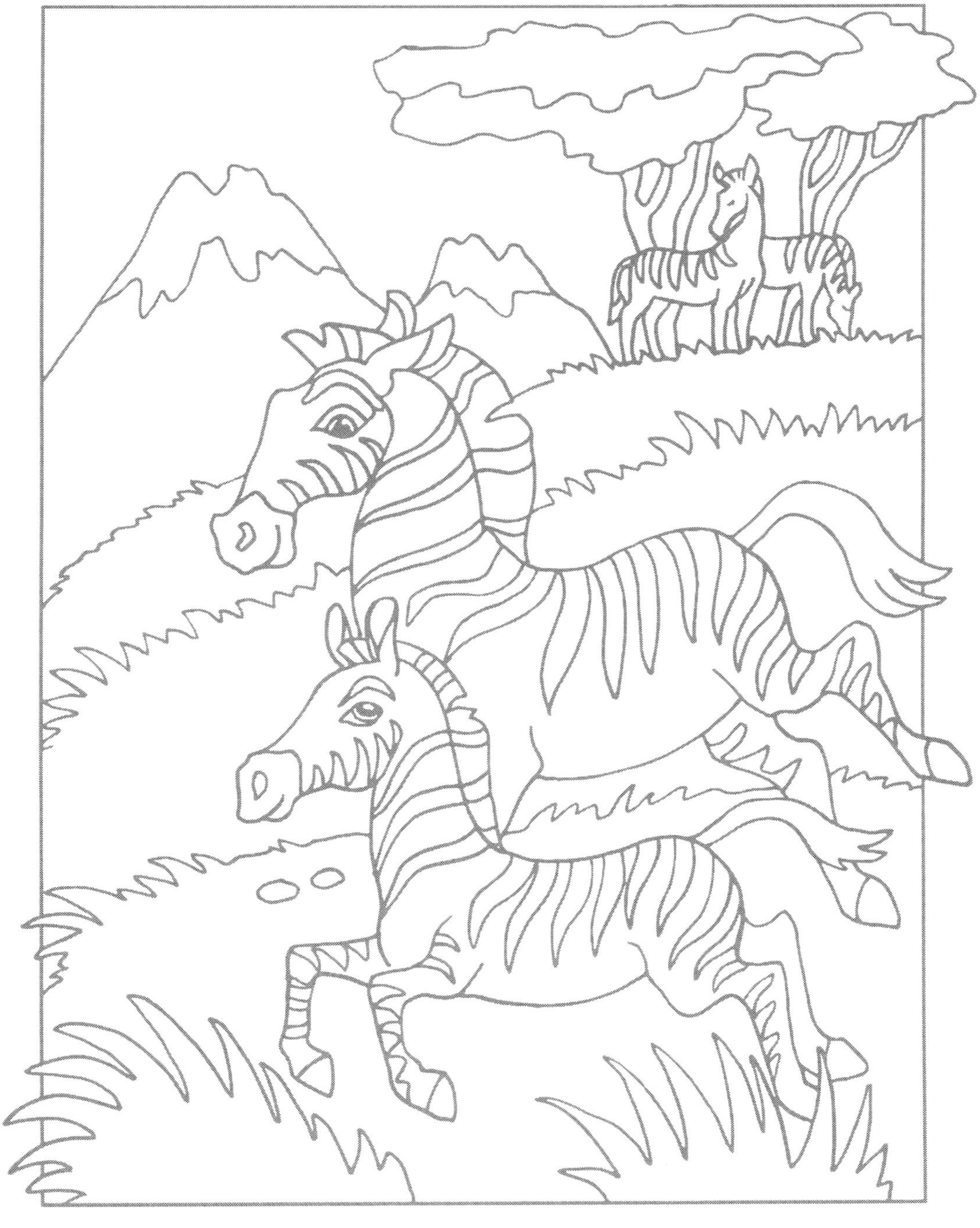

GIRAFFE

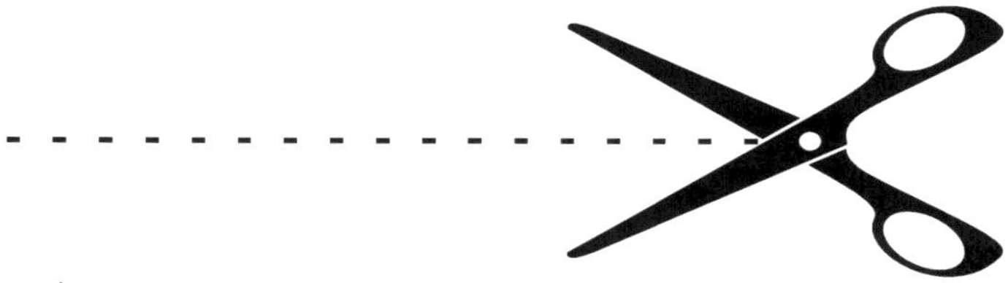

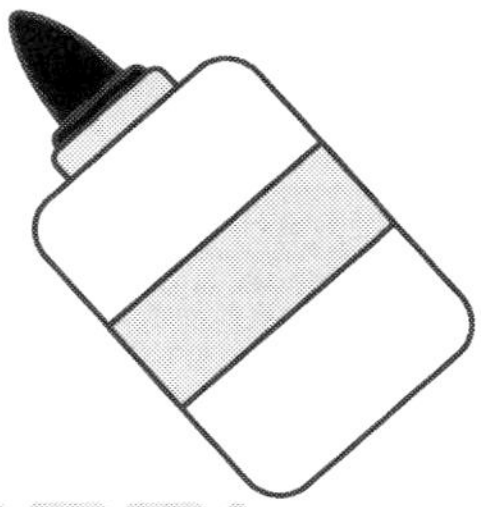

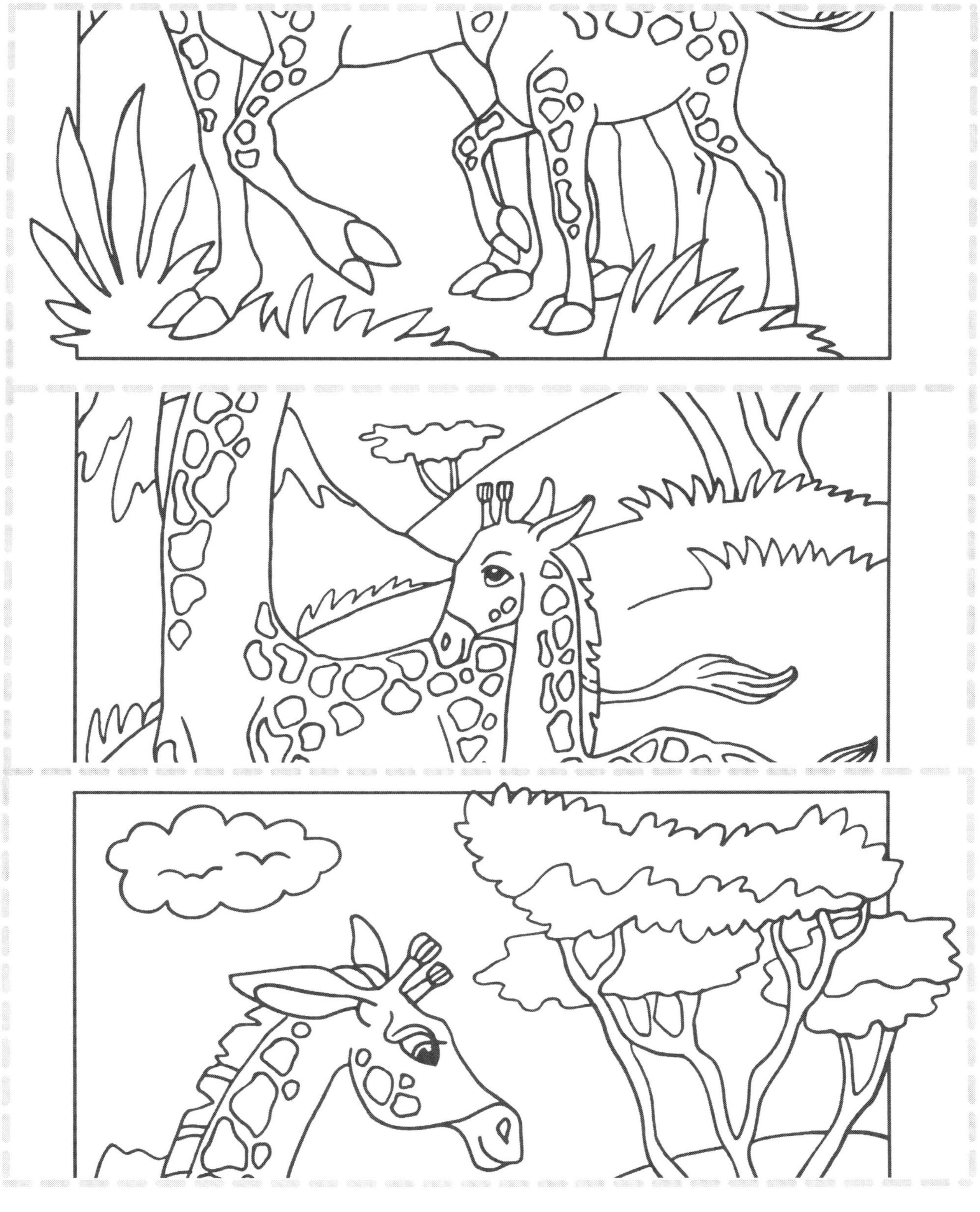

GIRAFFE

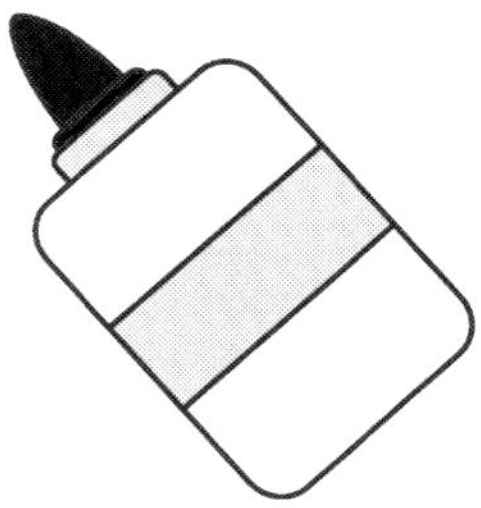

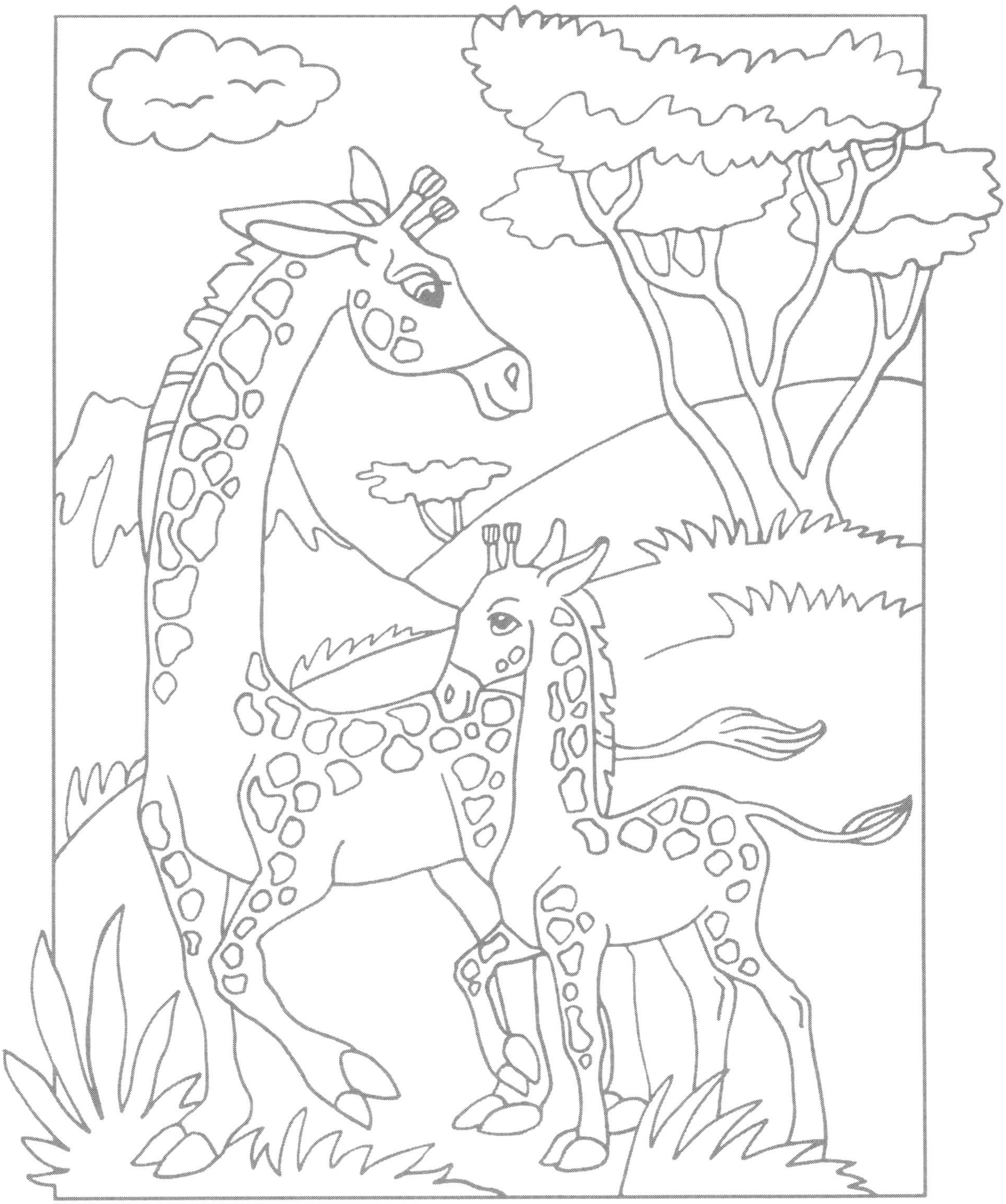

VULTURES

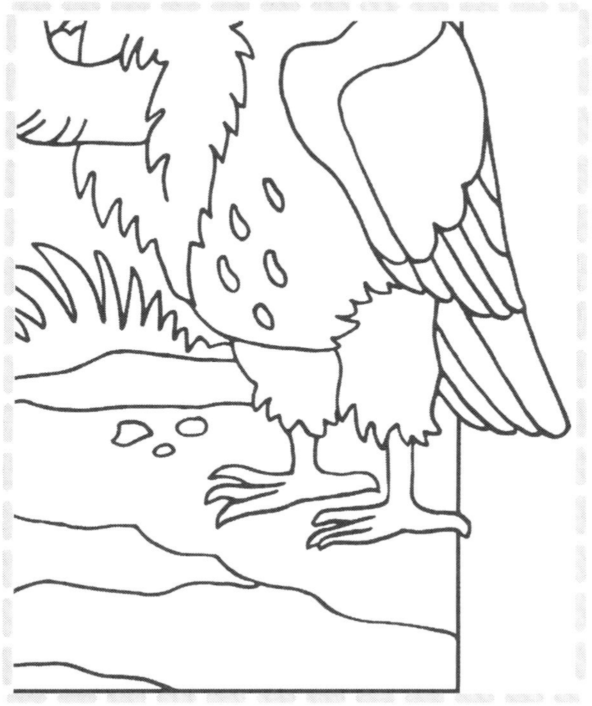

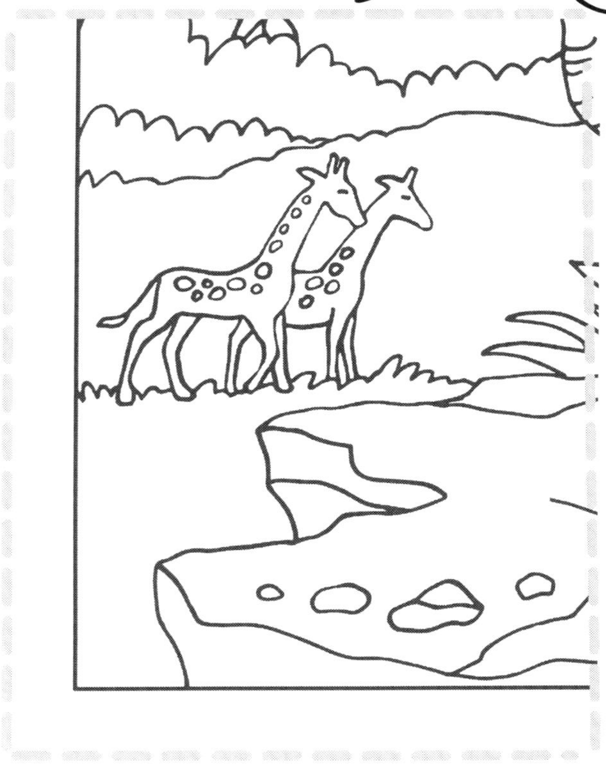

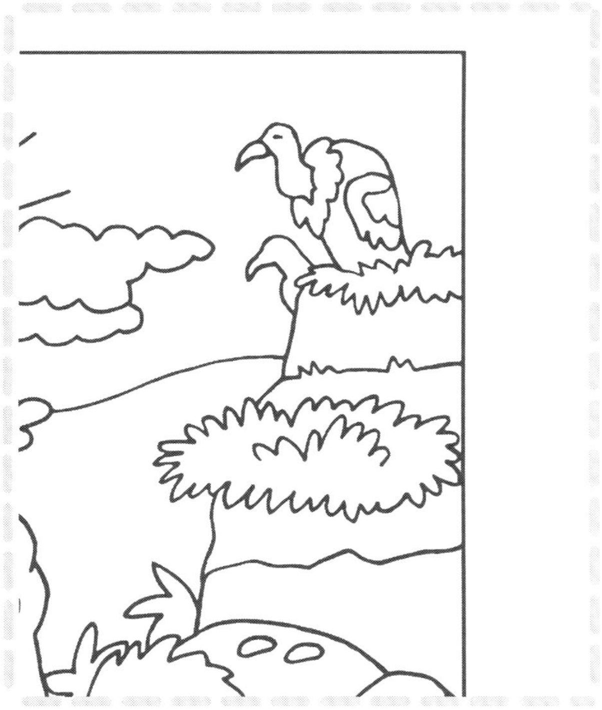

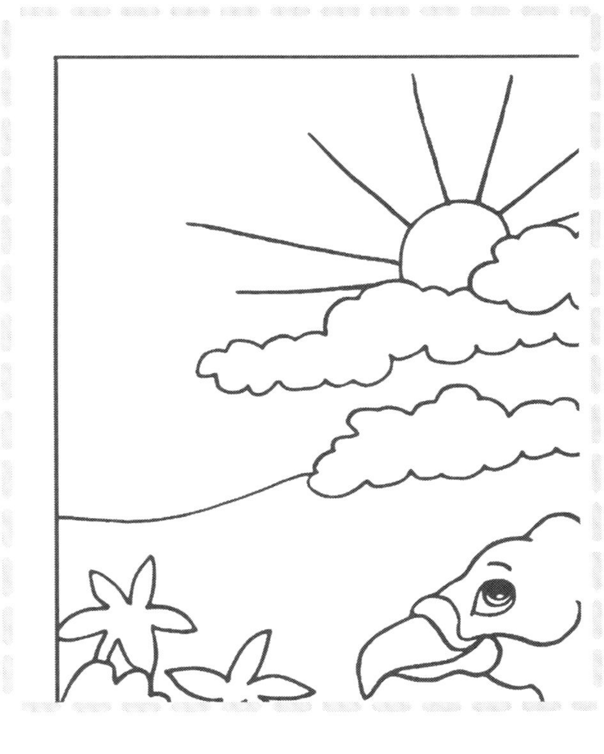

VULTURES

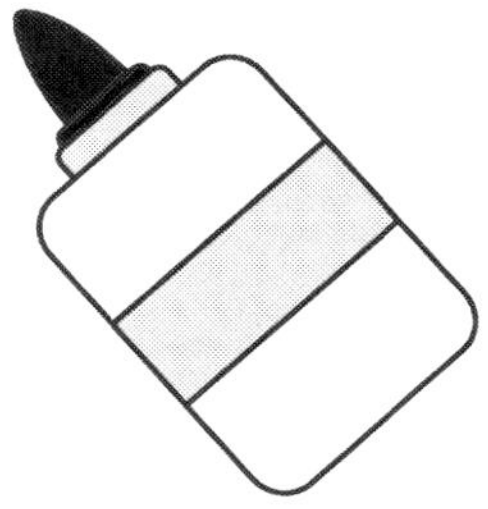

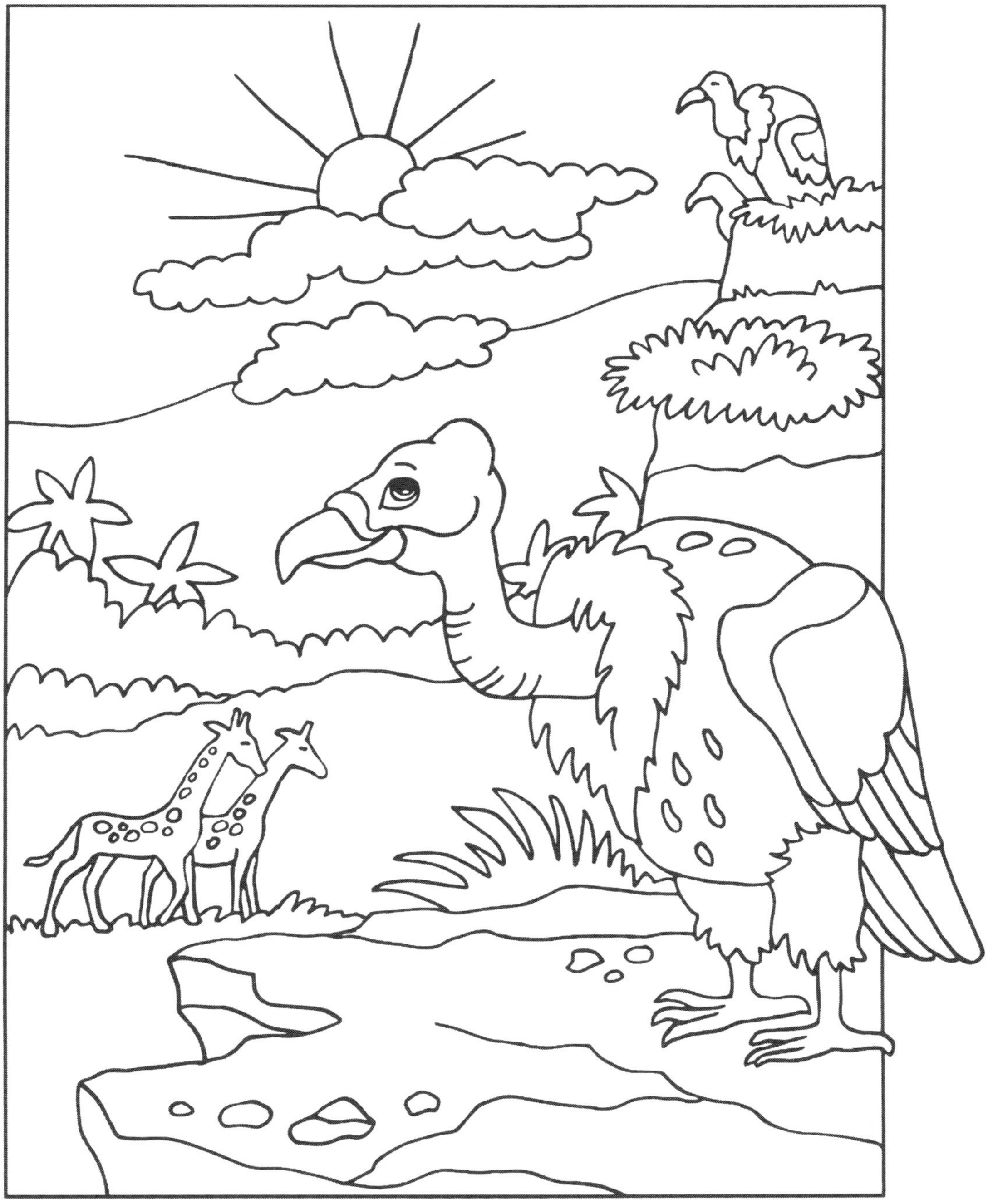

African Animals

I SPY NR 1

COUNT THE NUMBER OF AFRICAN ANIMALS AND WRITE IT IN THE BOX

African Animals

I SPY NR 2

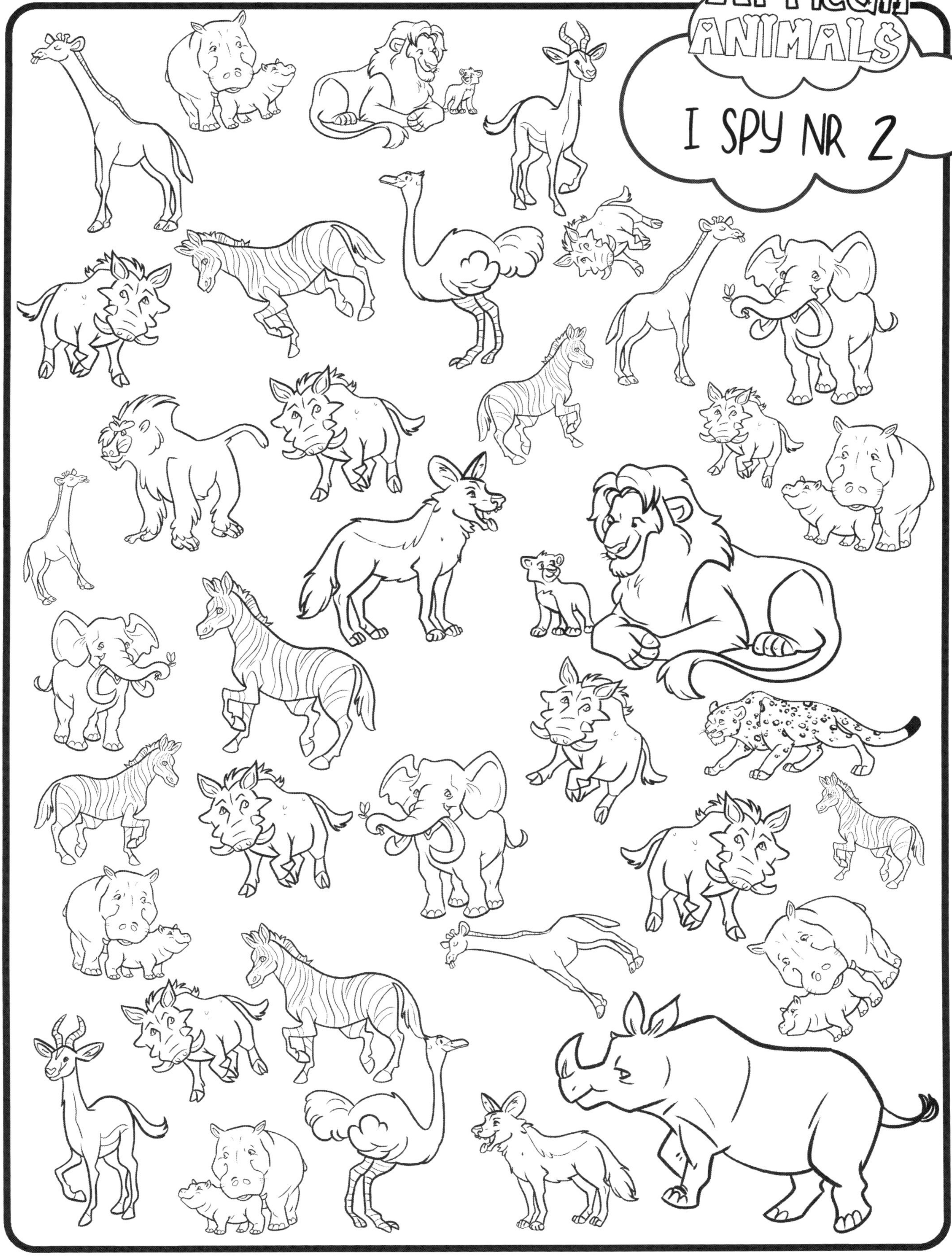

COUNT THE NUMBER OF AFRICAN ANIMALS AND WRITE IT IN THE BOX

SOLVE AN ADDITION

COUNT THE NUMBER OF AFRICAN ANIMALS AND WRITE IT IN THE BOX

SOLVE AN ADDITION

☐ + ☐ = ☐

☐ + ☐ = ☐

☐ + ☐ = ☐

SOLUTION I SPY NR 1

zebra	2	warthog	1
lion	4	wildebeest	4
baboon	4	antelope	4
hyena	5	elephant	3
ostrich	6	leopard	1
giraffe	2	rhino	2

SOLUTION I SPY NR 2

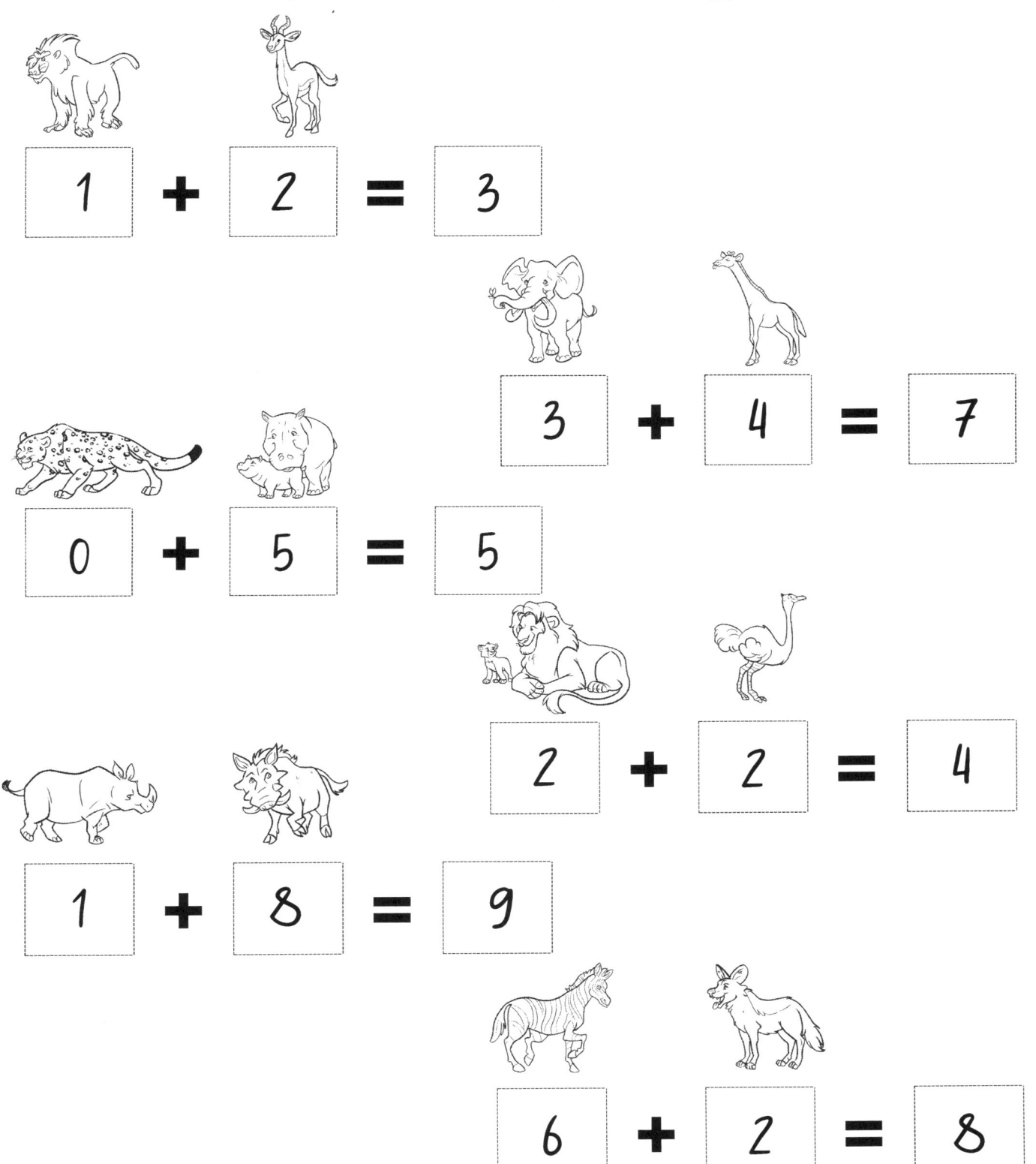

1 + 2 = 3

3 + 4 = 7

0 + 5 = 5

2 + 2 = 4

1 + 8 = 9

6 + 2 = 8

African ANIMALS
MAZES

OSTRICH

HIPPO

LEOPARD

LION

HYENA

African Animals
DOT MARKERS

OSTRICH

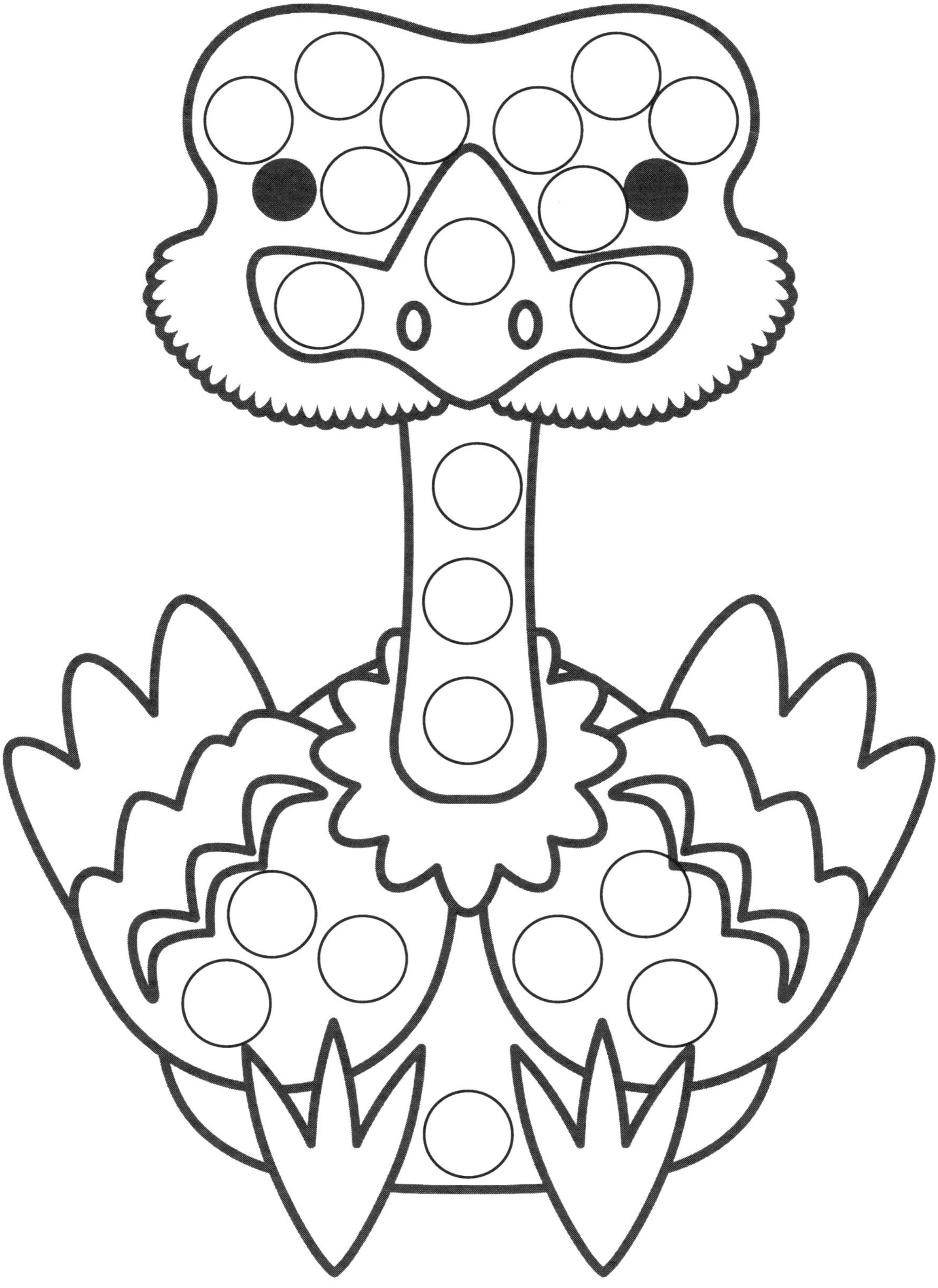

WARTHOG

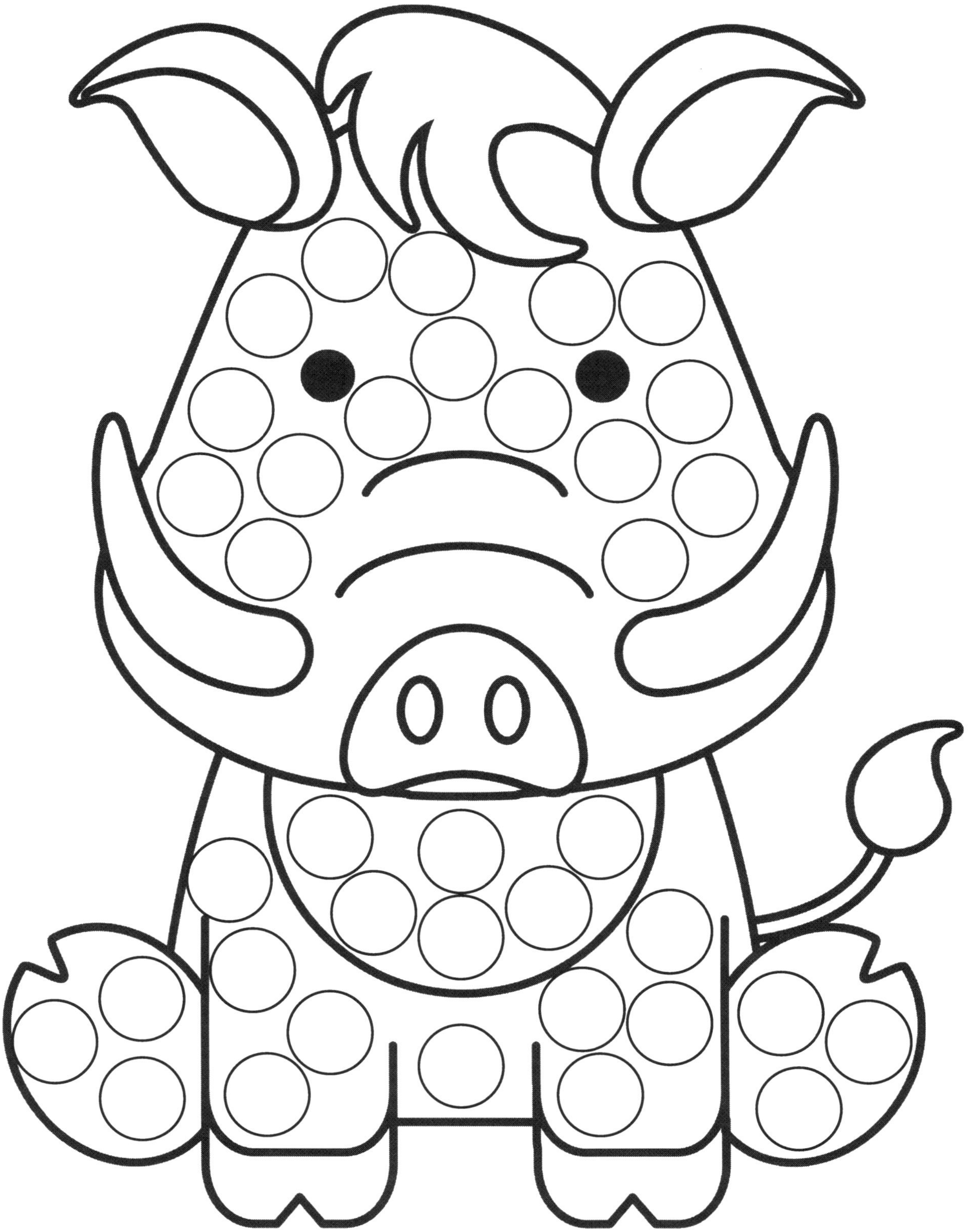

BUFFALO

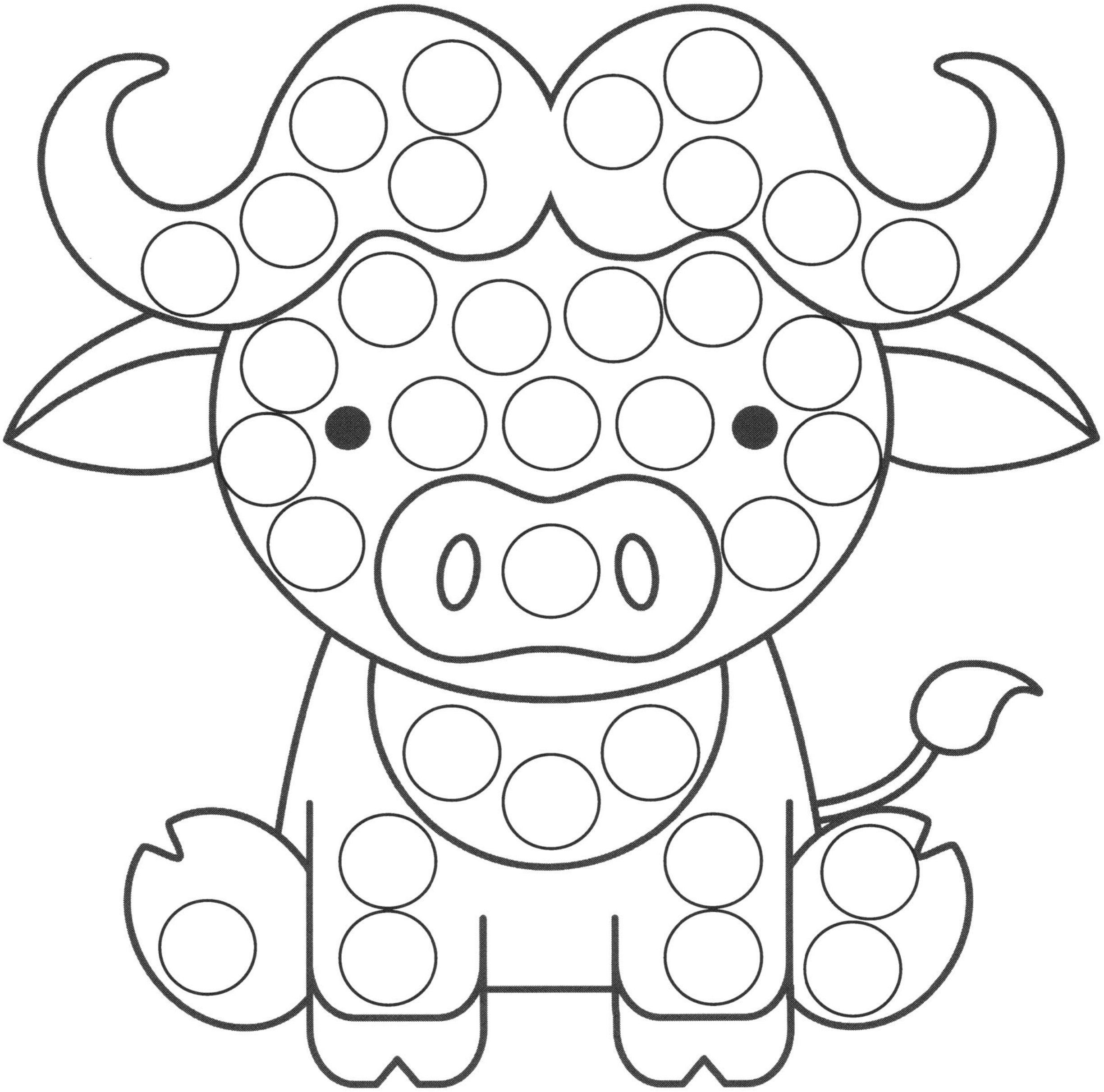

AARDVARK

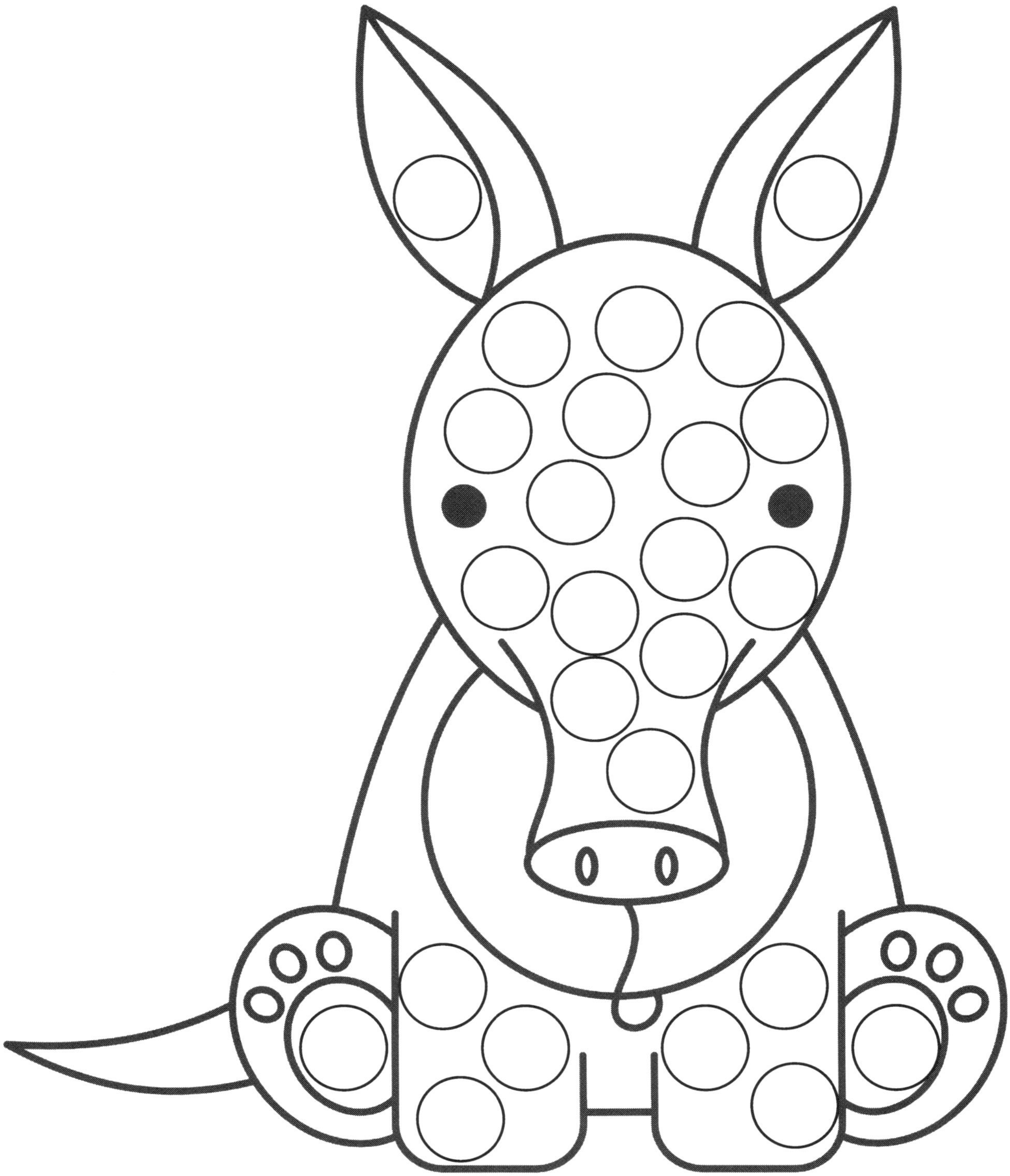

African Animals

S	W	L	J	H	Z	V	W	V	W
A	P	C	X	T	J	E	D	P	I
Z	E	B	R	A	R	R	O	M	L
Y	I	N	Z	D	W	B	G	Z	D
B	R	H	I	N	O	A	X	Z	C
D	O	S	T	R	I	C	H	G	A
W	I	L	D	E	B	E	E	S	T
T	S	K	X	Q	I	B	W	X	P
E	Q	W	A	R	T	H	O	G	S
V	A	V	T	V	S	I	D	O	S

RHINO   OSTRICH   WARTHOG
WILD   DOG   ZEBRA
WILDEBEEST

SOLUTION

African Animals

S	W	L	J	H	Z	V	W	V	W
A	P	C	X	T	J	E	D	P	I
Z	E	B	R	A	R	R	O	M	L
Y	I	N	Z	D	W	B	G	Z	D
B	R	H	I	N	O	A	X	Z	C
D	O	S	T	R	I	C	H	G	A
W	I	L	D	E	B	E	E	S	T
T	S	K	X	Q	I	B	W	X	P
E	Q	W	A	R	T	H	O	G	S
V	A	V	T	V	S	I	D	O	S

RHINO   OSTRICH   WARTHOG
WILD   DOG   ZEBRA
WILDEBEEST

African Animals

G	Y	L	T	T	D	Z	P	Q	S
H	O	E	J	I	Q	L	I	O	N
B	Y	O	B	N	U	M	V	W	X
N	U	P	Y	T	H	O	N	M	O
I	Z	A	D	B	G	N	U	F	E
P	O	R	C	U	P	I	N	E	D
L	R	D	L	M	O	N	K	E	Y
U	F	D	L	T	Z	X	S	O	R
V	R	N	I	P	B	O	N	G	O
G	I	R	A	F	F	E	E	K	F

MONKEY   PYTHON   BONGO
PORCUPINE   LION   GIRAFFE
LEOPARD   GNU

SOLUTION

African Animals

G	Y	L	T	T	D	Z	P	Q	S
H	O	E	J	I	Q	L	I	O	N
B	Y	O	B	N	U	M	V	W	X
N	U	P	Y	T	H	O	N	M	O
I	Z	A	D	B	G	N	U	F	E
P	O	R	C	U	P	I	N	E	D
L	R	D	L	M	O	N	K	E	Y
U	F	D	L	T	Z	X	S	O	R
V	R	N	I	P	B	O	N	G	O
G	I	R	A	F	F	E	E	K	F

MONKEY   PYTHON   BONGO
PORCUPINE   LION   GIRAFFE
LEOPARD   GNU

African Animals

								V	T						
								X	O						
							S	T	K	I					
							W	Z	U	W					
						F	M	O	V	D	V				
						B	F	D	A	Q	F				
U	V	C	K	F	F	L	T	N	H	U	B	H	I	F	B	U	D	Y	W
P	K	U	D	U	F	A	H	L	Y	Q	Q	D	G	G	D	O	K	V	F
	X	M	V	U	L	T	U	R	E	P	O	F	E	O	B	H	C	U	
		I	D	Q	X	X	F	S	N	F	U	X	J	R	A	W	K		
			A	E	Y	M	I	J	A	G	T	O	D	I	M	R			
				E	P	Q	Q	Z	N	V	H	Y	U	L	E				
			I	H	Z	S	Q	B	A	B	O	O	N	L	E	S			
			T	W	J	V	E	Q	P	X	N	O	T	A	R	K			
		E	L	D	B	A	D	G	E	R	E	E	S	O	K	B	K		
		J	K	H	I	P	P	O			Y	X	U	B	A	M	R		
	F	Y	X	E	F	J	M					A	T	S	T	G	K	W	
	F	U	M	C	A								X	B	G	D	Z		
J	D	P	V												K	G	B	U	
B	P															S	K		

GORILLA   HIPPO   HYENA
VULTURE   MEERKAT   HONEY
BADGER   BABOON   KUDU

SOLUTION

African Animals

								V	T						
								X	O						
							S	T	K	I					
							W	Z	U	W					
						F	M	O	V	D	V				
						B	F	D	A	Q	F				
U	V	C	K	F	F	L	T	N	H	U	B	H	I	F	B	U	D	Y	W
P	K	U	D	U	F	A	H	L	Y	Q	Q	D	G	G	D	O	K	V	F
	X	M	V	U	L	T	U	R	E	P	O	F	E	O	B	H	C	U	
		I	D	Q	X	X	F	S	N	F	U	X	J	R	A	W	K		
			A	E	Y	M	I	J	A	G	T	O	D	I	M	R			
				E	P	Q	Q	Z	N	V	H	Y	U	L	E				
			I	H	Z	S	Q	B	A	B	O	O	N	L	E	S			
			T	W	J	V	E	Q	P	X	N	O	T	A	R	K			
		E	L	D	B	A	D	G	E	R	E	E	S	O	K	B	K		
		J	K	H	I	P	P	O			Y	X	U	B	A	M	R		
	F	Y	X	E	F	J	M				A	T	S	T	G	K	W		
	F	U	M	C	A							X	B	G	D	Z			
J	D	P	V										K	G	B	U			
B	P													S	K				

GORILLA   HIPPO   HYENA
VULTURE   MEERKAT   HONEY
BADGER   BABOON   KUDU

African Animals

W	E	I	R	F	R	R	M	H	Z	Q	S	P	C	E
M	L	A	E	R	W	O	N	L	O	J	C	D	F	L
I	J	H	I	P	P	O	P	O	T	A	M	U	S	E
E	P	F	G	L	N	G	I	R	A	F	F	E	J	P
F	B	G	Z	E	B	A	B	O	O	N	J	A	A	H
R	W	V	H	O	T	J	V	X	Y	Z	F	Q	X	A
F	X	K	B	P	L	O	M	X	G	D	G	A	C	N
C	B	P	P	A	K	M	R	P	T	K	T	W	I	T
K	R	P	C	R	A	N	T	E	L	O	P	E	C	K
M	N	T	P	D	G	G	Q	Y	B	F	Y	Q	T	Y

ELEPHANT   ANTELOPE   BABOON
GIRAFFE   LEOPARD   HIPPOPOTAMUS

SOLUTION

African Animals

W	E	I	R	F	R	R	M	H	Z	Q	S	P	C	E
M	L	A	E	R	W	O	N	L	O	J	C	D	F	L
I	J	H	I	P	P	O	P	O	T	A	M	U	S	E
E	P	F	G	L	N	G	I	R	A	F	F	E	J	P
F	B	G	Z	E	B	A	B	O	O	N	J	A	A	H
R	W	V	H	O	T	J	V	X	Y	Z	F	Q	X	A
F	X	K	B	P	L	O	M	X	G	D	G	A	C	N
C	B	P	P	A	K	M	R	P	T	K	T	W	I	T
K	R	P	C	R	A	N	T	E	L	O	P	E	C	K
M	N	T	P	D	G	G	Q	Y	B	F	Y	Q	T	Y

ELEPHANT ANTELOPE BABOON
GIRAFFE   LEOPARD   HIPPOPOTAMUS

African Animals

							U	F						
						O	A	K	R					
					Y	X	S	J	H	U				
				S	J	B	P	Y	A	A	H			
			I	Y	N	Y	Z	N	B	M	D	O		
		Q	K	C	R	O	C	O	D	I	L	E	M	
	U	G	A	Z	E	L	L	E	G	Q	W	T	S	J
	O	G	Y	P	W	N	N	I	N	C	Z	Z	M	A	G	G
X	Q	E	P	R	C	B	J	Y	W	H	T	P	E	M	R	U	D
Y	L	L	L	X	J	O	C	E	D	J	I	A	K	I	I	C	M	W	F
H	R	B	A	T	I	B	H	G	I	E	M	O	Z	W	G	U	C	S	F
	M	B	D	Z	P	U	E	O	Q	G	P	R	V	X	F	S	E	C
		U	A	N	N	F	E	Z	J	H	A	L	I	O	N	G	U
			K	V	D	F	T	I	Y	Y	N	W	X	N	S	W
				C	H	A	A	B	B	M	Z	J	Q	I	S
					W	L	H	F	D	Q	E	J	H	Y
						O	T	P	P	W	E	T	D
							S	B	B	O	B	P
								G	L	N	P
								P	F

LION
CHEETAH
GAZELLE

BAT
CROCODILE
GELADA

BUFFALO
CHIMPANZEE

SOLUTION

African Animals

								U	F						
							O	A	K	R					
						Y	X	S	J	H	U				
					S	J	B	P	Y	A	A	H			
				I	Y	N	Y	Z	N	B	M	D	O		
			Q	K	C	R	O	C	O	D	I	L	E	M	
		U	G	A	Z	E	L	L	E	G	Q	W	T	S	J
	O	G	Y	P	W	N	N	I	N	C	Z	Z	M	A	G	G
X	Q	E	P	R	C	B	J	Y	W	H	T	P	E	M	R	U	D
Y	L	L	X	J	O	C	E	D	J	I	A	K	I	I	C	M	W	F
H	R	B	A	T	I	B	H	G	I	E	M	O	Z	W	G	U	C	S	F
	M	B	D	Z	P	U	E	O	Q	G	P	R	V	X	F	S	E	C
		U	A	N	N	F	E	Z	J	H	A	L	I	O	N	G	U
			K	V	D	F	T	I	Y	Y	N	W	X	N	S	W
				C	H	A	A	B	B	M	Z	J	Q	I	S
					W	L	H	F	D	Q	E	J	H	Y
						O	T	P	P	W	E	T	D
							S	B	B	O	B	P
								G	L	N	P
								P	F

LION
CHEETAH
GAZELLE

BAT
CROCODILE
GELADA

BUFFALO
CHIMPANZEE

COLOR TEST PAGE

Thank you for having fun working with this book.

Visit our website.
animalsactivitybooks.com

Made in the USA
Columbia, SC
08 July 2025